MAX WILL IMMER KÜSSEN

VON MARTIN BALTSCHEIT

BELTZ
& Gelberg

MAX HAT ALLES.
ER IST GROSS.
ER IST STARK.
ER IST SCHÖN.

ABER MAX
WILL MEHR.
MAX WILL KÜSSEN.
JEDEN.

ZUM
BEISPIEL
DIESEN
SCHMETTERLING.

ODER **DIESEN** FISCH.

ODER

DIESEN

VOGEL.

MAX HAT ALLE TIERE LIEB!

ELEFANTEN.

KROKODILE.

MAX UMARMT AUCH GERN.

STREICHELT...

UND WIEGT IN DEN SCHLAF.

MANCHMAL
KLOPFT ER
AUCH NUR FREUNDLICH
EINE SCHULTER.

AM LIEBSTEN
ABER KÜSST ER.
DEN GANZEN TAG.

DIE HALBE NACHT.

EINMAL ABER, WAR KEINER MEHR DA.

„JA, WILL DENN KEINER MEHR KÜSSEN?!“

„JA, HABEN
SIE DENN
GEFRAGT?“

SO EIN TIER HAT MAX NOCH NICHT GESEHEN.

DAS SIEHT ER
SICH **GENAUER** AN.

„UND? WILLST DU?“

MAX HAT ALLES.
ER IST GROSS.
ER IST STARK.
ER IST SCHÖN.

MEHR BRAUCHT
ER NICHT.

FÜR MEINE **WUNDERBAREN** KINDER

MIX
Papier aus verantwortungsvollen Quellen
FSC® C089473

WWW.BELTZ.DE

WWW.BALTSCHEIT.DE

IN DER VERLAGSGRUPPE BELTZ · WEINHEIM BASEL

WERDERSTRASSE 10 / 69469 WEINHEIM

NEUE RECHTSCHREIBUNG

TEXT, ILLUSTRATION UND GESTALTUNG:

MARTIN BALTSCHEIT

LEKTORAT: KATRIN HARTMANN

DRUCK: BELTZ BAD LANGENSALZA GMBH, BAD LANGENSALZA

ISBN 978-3-407-82090-7

1 2 3 4 5 19 18 17 16 15